Petit monde vivant

Les SAVANES

Bobbie Kalman et Hadley Dyer

Traduction de Marie-Josée Brière

Catalogage avant publication de Bibliothèque et Archives nationales du Québec et Bibliothèque et Archives Canada

Kalman, Bobbie

Les savanes

(Petit monde vivant)
Traduction de: Savanna food chains.
Comprend un index.
Pour enfants de 6 à 10 ans.

ISBN 978-2-89579-443-1

1. Écologie des savanes - Afrique - Ouvrages pour la jeunesse. 2. Chaînes alimentaires (Écologie) - Afrique - Ouvrages pour la jeunesse. I. Dyer, Hadley. II. Titre. III. Collection: Kalman, Bobbie. Petit monde vivant.

QH541.5.P7K33714 2012   j577.4'816   C2011-942354-5

Dépôt légal – Bibliothèque et Archives nationales du Québec, 2012
Bibliothèque et Archives Canada, 2012

Titre original : *Savanna Food Chains* de Bobbie Kalman et Hadley Dyer (ISBN 978-0-7787-1998-4) © 2007 Crabtree Publishing Company, 616, Welland Ave., St. Catharines, Ontario, Canada L2M 5V6

Dédicace de Katherine Kantor
Pour Peter et Nicole Szymanski, et pour leur merveilleux petit bébé. Je vous aime.

Conception graphique
Katherine Kantor

Recherche de photos
Crystal Foxton

Conseillère
Patricia Loesche, Ph.D., Programme de comportement animal, Département de psychologie, Université de Washington

Illustrations
Barbara Bedell : pages 3 (vautour, éléphant et girafe), 11 (vautour, rhinocéros, sauterelle et girafe), 18 (sauf lion), 23, 29 (léopard et sauterelle) et 31 ; Katherine Kantor : pages 3 (sauf vautour, éléphant et girafe), 6, 9 (plante et éland du Cap), 10 (fleur et serpent), 11 (sauf vautour, rhinocéros, sauterelle et girafe), 15, 19, 20, 27 (sauf bousier) et 29 (sauf léopard et sauterelle) ; Jeannette McNaughton-Julich : page 10 (zèbre) ; Bonna Rouse : pages 9 (lion), 18 (lion) et 27 (bousier)

Photos
© J & B Photographers/Animals Animals – Earth Scenes : page 25 ; © Vladimir Kondrachov. Image de BigStockPhoto.com : page 12 ; © Karl Ammann/Corbis : page 31 ; iStockphoto.com : Joe McDaniel : page 13 ; Minden Pictures : Frans Lanting : page 14 ; Photo Researchers, Inc. : Mary Beth Angelo : page 19 ; François Gohier : page 5 (en haut) ; Visuals Unlimited : Gerald et Buff Corsi : page 17 (en haut) ; Wendy Dennis : page 5 (en bas) ; Joe McDonald : page 18
Autres images : Adobe Image Library, Corel, Creatas, Digital Stock, Digital Vision et Photodisc

Direction : Andrée-Anne Gratton
Traduction : Marie-Josée Brière
Révision : Johanne Champagne
Mise en pages : Mardigrafe

© Bayard Canada Livres inc. 2012

Nous reconnaissons l'aide financière du gouvernement du Canada par l'entremise du Fonds du livre du Canada (FLC) pour des activités de développement de notre entreprise.

 Conseil des Arts   Canada Council
du Canada   for the Arts

Bayard Canada Livres inc. remercie le Conseil des Arts du Canada du soutien accordé à son programme d'édition dans le cadre du Programme des subventions globales aux éditeurs.

Cet ouvrage a été publié avec le soutien de la SODEC. Gouvernement du Québec – Programme de crédit d'impôt pour l'édition de livres – Gestion SODEC.

 Bayard Canada Livres
4475, rue Frontenac, Montréal (Québec) H2H 2S2
Téléphone : 514 844-2111 ou 1 866 844-2111
Télécopieur : 514 278-0072
edition@bayardcanada.com
bayardlivres.ca

Fiches d'activités disponibles sur bayardlivres.ca

Imprimé au Canada

Table des matières

Qu'est-ce qu'une savane ?

Une savane, c'est une grande étendue de terres couvertes d'herbes. Dans beaucoup de savanes, quelques arbres ou **arbustes** éparpillés poussent au milieu des herbes. On dit que ce sont des savanes «arborées» ou «arbustives». Dans d'autres savanes, les arbres et les arbustes sont plus nombreux. Ils poussent en petites touffes parmi les herbes. Ce sont des savanes boisées.

Il y a aussi des savanes herbeuses, où on ne trouve pas d'arbres du tout.

Il fait chaud !

Toutes les savanes sont situées près de l'**équateur**, où il fait chaud toute l'année. On trouve des savanes en Australie, en Amérique du Sud, en Asie du Sud-Est et en Afrique. Ce livre porte sur les savanes africaines.

Beaucoup d'espèces de plantes et d'animaux, comme ce lion, vivent dans les savanes africaines.

La saison des pluies

Les savanes sont situées dans des régions où l'année se divise en deux saisons : la saison sèche et la saison des pluies. La saison des pluies, c'est l'été. Il fait très chaud et très humide, ce qui veut dire qu'il y a beaucoup d'eau dans l'air. À cause de l'humidité, il pleut tous les jours.

La mousson

La saison des pluies, c'est aussi la saison de la mousson. C'est ainsi qu'on appelle les forts vents qui soufflent alors sur les savanes. Ces vents sont souvent accompagnés de pluies abondantes, et les savanes sont parfois complètement inondées.

La saison sèche

L'hiver, c'est la saison sèche. Il fait alors plus frais que pendant la saison des pluies, et il y a souvent des sécheresses. Une sécheresse, c'est une longue période pendant laquelle il ne pleut pas ou presque pas. En période de sécheresse, certains plans d'eau se vident complètement.

La vie dans les savanes

La citronnelle est une des espèces de plantes qui poussent dans les savanes.

Grâce à ses longues ailes, ce gypaète barbu peut voler très loin pour trouver de l'eau et de la nourriture.

Les savanes servent d'habitat à beaucoup d'espèces, ou sortes, de plantes et d'animaux. Un habitat, c'est un endroit où des plantes et des animaux se retrouvent à l'état naturel. Les plantes des savanes sont extrêmement résistantes à la sécheresse. L'été, pendant la saison des pluies, elles poussent vite et emmagasinent de l'eau. C'est ce qui leur permet de survivre pendant la saison sèche.

Les animaux

Les animaux des savanes ont différents moyens de survivre pendant la saison sèche. Beaucoup d'entre eux ont de longues pattes ou de longues ailes. Ils peuvent ainsi parcourir de grandes distances pour trouver à boire et à manger. D'autres animaux ont des griffes pointues qui leur permettent de se creuser des maisons souterraines où ils sont au frais.

En déplacement

Pendant la saison sèche, il n'y a pas beaucoup d'eau et de nourriture disponibles dans les savanes. De nombreux animaux, comme les gnous et les zèbres, **migrent** donc vers des habitats où ils peuvent trouver plus facilement à boire et à manger. Quand arrive la saison des pluies, ces animaux retournent dans les savanes, où il y a de nouveau de l'eau et de la nourriture en abondance.

Sous la terre

D'autres animaux, comme les serpents, les lézards et les suricates, vivent dans des terriers creusés dans le sol. Comme il fait frais dans ces maisons souterraines, ils n'ont pas besoin de boire beaucoup d'eau. Les grenouilles, les tortues et les crocodiles se gardent au frais en creusant dans la boue humide des rivières et des **étangs**. Ils restent dans la boue jusqu'à ce qu'il pleuve.

La grande migration

Beaucoup d'animaux des savanes vivent et migrent en grands groupes appelés « troupeaux ». Chaque année, des troupeaux de plus d'un million de gnous et d'un demi-million de zèbres migrent du parc national du Serengeti, en Tanzanie, vers la réserve nationale du Masai Mara, au Kenya. On appelle ce long voyage la « grande migration ». Les troupeaux arrivent au Kenya en août ou en septembre. Ils entreprennent le voyage de retour vers la Tanzanie entre novembre et janvier.

Ces gnous sont en migration vers la réserve nationale du Masai Mara.

Qu'est-ce qu'une chaîne alimentaire ?

Les plantes et les animaux sont des organismes vivants. On trouve beaucoup de sortes d'organismes vivants sur la Terre. Tous ces organismes ont besoin d'air, d'eau, de lumière et de nourriture pour vivre.

L'énergie vitale

C'est la nourriture qui donne de l'**énergie** aux plantes et aux animaux. Les plantes ont besoin de cette énergie pour pousser et se reproduire. Les animaux, eux, en ont besoin pour grandir, se déplacer, respirer et trouver à se nourrir. La nourriture fournit aussi des nutriments aux plantes et aux animaux. Ce sont des substances nécessaires à leur santé.

Ce zèbre trouve de l'énergie et des nutriments dans les plantes qu'il mange.

Les plantes

Les plantes produisent elles-mêmes leur nourriture, grâce à l'énergie du soleil ! Elles utilisent une partie de cette énergie et emmagasinent le reste.

Les animaux

Contrairement aux plantes, les animaux sont incapables de fabriquer leur nourriture. Ils doivent manger d'autres organismes vivants pour avoir de l'énergie. Beaucoup d'animaux mangent des plantes. D'autres se nourrissent de ces animaux mangeurs de plantes. Et d'autres encore mangent à la fois des plantes et des animaux. La suite d'organismes vivants qui en mangent d'autres et qui se font manger ensuite s'appelle une « chaîne alimentaire ».

Le transfert de l'énergie

C'est l'énergie du soleil qui est à la base de toutes les chaînes alimentaires.

soleil

plante

Les plantes captent cette énergie pour fabriquer de la nourriture. Quand un éland du Cap mange une plante, il absorbe une partie de l'énergie emmagasinée dans la plante.

éland du Cap

lion

Si un lion mange un éland ou une autre antilope, il reçoit à son tour une partie de l'énergie qu'avait absorbée cet animal. La quantité d'énergie solaire qui se transmet de cette façon diminue à chaque niveau de la chaîne alimentaire.

Une chaîne à trois niveaux

Toutes les chaînes alimentaires comportent trois niveaux. Les plantes se situent au premier niveau, les animaux qui mangent des plantes forment le deuxième niveau, et les animaux qui mangent d'autres animaux couronnent le tout, au troisième niveau.

Les producteurs

Les plantes, au premier niveau de leur chaîne alimentaire, sont considérées comme des producteurs primaires. Le mot « primaire » signifie « premier ». Les plantes sont les premiers maillons de la chaîne alimentaire. Elles fabriquent leur propre nourriture.

Les mangeurs de plantes

Le deuxième niveau de la chaîne alimentaire se compose d'animaux qui mangent des plantes. On dit que ce sont des « herbivores ». On les qualifie aussi de consommateurs primaires parce que ce sont les premiers organismes vivants de la chaîne alimentaire qui doivent consommer, ou manger, de la nourriture.

Les mangeurs de viande

On appelle « carnivores » les animaux qui mangent d'autres animaux. Ils occupent le troisième niveau de la chaîne alimentaire. On dit que ce sont des consommateurs secondaires parce que, dans cette chaîne, ils forment le deuxième groupe d'organismes vivants qui doivent manger pour avoir de l'énergie.

La pyramide de l'énergie

Cette pyramide montre comment l'énergie circule dans une chaîne alimentaire. Comme toutes les pyramides, la pyramide de l'énergie est large à la base et étroite au sommet. Le premier niveau est large, pour montrer qu'il y a beaucoup de plantes. Le deuxième niveau est un peu plus étroit parce qu'il y a moins d'herbivores que de plantes. Le sommet de la pyramide, enfin, est le plus étroit parce que les carnivores sont moins nombreux que tous les autres organismes vivants de la chaîne alimentaire.

De la nourriture pour les plantes

La photosynthèse est le processus par lequel les plantes fabriquent leur nourriture. Leurs feuilles contiennent un pigment vert appelé «chlorophylle». Un pigment, c'est un colorant naturel.

La chlorophylle absorbe l'énergie du soleil. Cette énergie se combine ensuite avec de l'eau et du **gaz carbonique**. La nourriture que chaque plante produit ainsi porte le nom de «glucose». C'est une sorte de sucre.

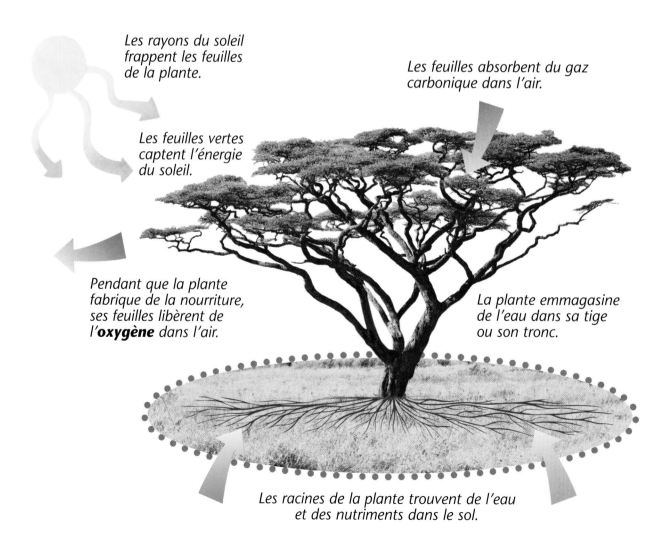

Les rayons du soleil frappent les feuilles de la plante.

Les feuilles absorbent du gaz carbonique dans l'air.

Les feuilles vertes captent l'énergie du soleil.

*Pendant que la plante fabrique de la nourriture, ses feuilles libèrent de l'**oxygène** dans l'air.*

La plante emmagasine de l'eau dans sa tige ou son tronc.

Les racines de la plante trouvent de l'eau et des nutriments dans le sol.

Du bon air

Pendant la photosynthèse, les plantes absorbent du gaz carbonique dans l'air. Elles contribuent ainsi à la santé de nombreux animaux. En effet, le gaz carbonique n'est pas bon pour les animaux s'ils en respirent trop. Les plantes aident aussi les animaux en libérant de l'oxygène dans l'air. L'oxygène est un gaz essentiel à la vie.

Quand l'eau est rare

Beaucoup de plantes des savanes cessent de fabriquer de la nourriture pendant la saison sèche. Elles interrompent la photosynthèse pour économiser l'eau. Comme elles perdent alors leur chlorophylle, leurs feuilles vertes brunissent et tombent. Sans feuilles, les plantes n'ont pas besoin d'autant d'eau.

Les feuilles de ce baobab sont tombées, ce qui permet à l'arbre de conserver son eau pendant la saison sèche.

Les plantes des savanes

Les herbes sont les principales plantes des savanes. Ce sont des espèces d'herbes qui poussent bien dans le climat ensoleillé, chaud et sec de leur environnement. Certaines atteignent même deux mètres de haut! Dans les savanes africaines, on trouve notamment de l'avoine rouge, de l'herbe de Rhodes, de l'herbe d'étoile et de la citronnelle.

De longues racines

Les plantes des savanes ont de longues racines. Elles peuvent ainsi trouver de l'eau loin sous la surface pendant la saison sèche. Elles peuvent également emmagasiner de l'eau et des nutriments dans leurs racines. Pendant la saison des pluies, les herbes poussent très vite. Certaines peuvent grandir de 2,5 centimètres en une journée!

Survivre au feu

Quand la foudre frappe le sol, pendant la saison sèche, il y a souvent des incendies. Comme les herbes des savanes brûlent vite, le feu se répand sur un grand territoire. Mais les racines ne brûlent pas, grâce à l'eau et aux nutriments qui sont emmagasinés à l'intérieur. De nouvelles herbes peuvent donc pousser à partir de ces racines.

Les arbres des savanes

La plupart des arbres ont besoin d'eau toute l'année. Il y a donc peu d'espèces qui poussent dans les savanes, parce que la saison sèche y est très longue. On en trouve tout de même quelques-unes, comme les acacias, les baobabs, les baumiers et les badamiers. Comme les herbes, ces arbres peuvent survivre aux incendies. Ils ont presque tous une écorce épaisse qui résiste au feu. Puisque cette écorce ne brûle pas, elle les protège contre les flammes.

Des arbres bien protégés

Il y a très peu d'animaux qui mangent des acacias. Parce que ce sont de grands arbres, leurs feuilles sont trop hautes pour que la plupart des animaux puissent les atteindre. Les acacias ont aussi des branches et des épines pointues, très piquantes. De plus, quand un animal mange quelques feuilles d'un acacia, l'arbre se met à produire une substance chimique qui a mauvais goût et qui se transmet aux autres feuilles. L'animal ne mange donc pas beaucoup de feuilles à la fois. Quand un arbre produit cette substance chimique, les acacias voisins font la même chose pour décourager eux aussi les animaux de manger leurs feuilles.

Les girafes sont parmi les seuls animaux des savanes qui sont capables d'atteindre les hautes feuilles des acacias.

Les herbivores des savanes

On trouve beaucoup d'espèces d'antilopes en Afrique, comme les gnous, les impalas, les gerenuks, les élands du Cap et les gazelles qu'on voit ici.

Un hippopotame peut manger chaque jour plus de 35 kilos d'herbes!

Comme les plantes des savanes sont très variées, de nombreux herbivores vivent dans cet environnement. On y trouve par exemple des éléphants, des zèbres, des girafes et des douzaines d'espèces d'antilopes. Ces différents herbivores mangent différentes sortes de plantes.

Les brouteurs

Certains herbivores, comme les gazelles et les hippopotames, sont des brouteurs. Ces animaux se nourrissent d'herbes et d'autres plantes qui poussent près du sol. Les différentes espèces de brouteurs mangent des plantes ou des parties de plantes différentes. De cette façon, beaucoup de brouteurs peuvent se nourrir en même temps dans le même secteur.

Les folivores

Il y a aussi dans les savanes d'autres herbivores qu'on appelle des « folivores ». Ces animaux mangent certaines parties des arbres et des arbustes, comme les branches et les feuilles. Les éléphants, les rhinocéros et les gérénuks, aussi appelés « gazelles de Waller », sont des folivores.

Ce gérénuk se tient sur ses pattes arrière pour atteindre les feuilles des arbres.

Les éléphants des savanes

Les éléphants sont ce qu'on appelle des « mégaherbivores ». Ce sont de très gros herbivores, qui peuvent peser plus de 1 000 kilos. Ils mangent les feuilles des arbres et des arbustes. Pour atteindre ces feuilles, ils arrachent des branches avec leur trompe ou s'appuient sur des arbres pour les faire tomber. Comme les éléphants mangent des graines en même temps que des feuilles, ils aident de nouvelles plantes à pousser. En effet, certaines graines **germent** uniquement si elles ont été digérées par un animal et déposées sur le sol dans ses excréments.

Les carnivores des savanes

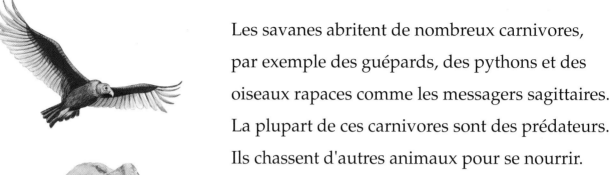

Les savanes abritent de nombreux carnivores, par exemple des guépards, des pythons et des oiseaux rapaces comme les messagers sagittaires. La plupart de ces carnivores sont des prédateurs. Ils chassent d'autres animaux pour se nourrir. On dit que ces animaux sont leurs « proies ».

Deux types de prédateurs

On appelle « consommateurs secondaires » les prédateurs qui chassent et qui mangent des herbivores, et « consommateurs tertiaires » ceux qui chassent et qui mangent d'autres carnivores. Le mot « tertiaire » veut dire « troisième ». Les consommateurs tertiaires forment le troisième groupe d'animaux de la chaîne alimentaire qui mangent pour obtenir de l'énergie.

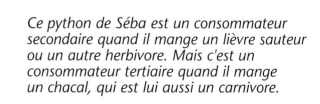

Ce python de Séba est un consommateur secondaire quand il mange un lièvre sauteur ou un autre herbivore. Mais c'est un consommateur tertiaire quand il mange un chacal, qui est lui aussi un carnivore.

Un contrôle important

Les prédateurs ont une grande importance dans les chaînes alimentaires. Sans eux, les populations de nombreuses espèces d'herbivores augmenteraient trop. Une population, c'est le nombre total des animaux d'une même espèce qui vivent dans un endroit donné. Par exemple, si les guépards ne chassaient pas d'élands du Cap, les élands deviendraient trop nombreux et ils mangeraient trop de plantes. S'il n'y avait plus assez de plantes dans les savanes, les herbivores mourraient.

Les maillons faibles

Les prédateurs capturent souvent des animaux très jeunes, vieux ou malades. Ce sont les plus faciles à chasser et à tuer. Quand des prédateurs retirent ainsi les animaux les plus faibles des savanes, il y a plus de nourriture disponible pour les animaux robustes et en bonne santé.

Ce gnou était probablement trop lent ou trop faible pour échapper au crocodile.

19

À la chasse

Les prédateurs ont un corps bien adapté pour chasser et pour manger d'autres animaux. Certains ont des griffes et des dents pointues. D'autres ont une excellente vue. La plupart des prédateurs des savanes doivent être très rapides pour attraper des proies.

Le messager sagittaire pourchasse ses proies et, quand il en a attrapé une, il la piétine pour la tuer.

Des chasseurs redoutables

Les savanes abritent de nombreux crocodiles du Nil. Ce sont des reptiles qui vivent dans l'eau. Ils se nourrissent de poissons et aussi d'animaux terrestres. Ils se postent à l'affût près du rivage des plans d'eau et, quand des animaux viennent boire, ils les prennent dans leurs mâchoires puissantes. Pendant la grande migration, les troupeaux d'herbivores traversent des rivières où vivent des crocodiles. Des lions et d'autres prédateurs suivent ces troupeaux pour chasser eux aussi. Les crocodiles mangent beaucoup d'animaux qui s'approchent trop près de l'eau.

Les méthodes de chasse

Les prédateurs des savanes ont différentes méthodes pour capturer des proies. Les lions, par exemple, s'approchent en se dissimulant dans les herbes hautes. Quand ils sont assez près, ils s'élancent à la course et **fondent** sur leur proie. Ils la jettent ensuite au sol et la tuent en la mordant au cou.

Les oiseaux, comme l'aigle fascié, repèrent leurs proies du haut des airs. Quand ils en voient une, ils descendent en piqué et l'attrapent dans leurs serres. Les lycaons, eux, chassent en **meutes**. Pour attraper une proie, ces chiens sauvages d'Afrique la pourchassent sur de grandes distances jusqu'à ce qu'elle soit fatiguée. Puis, ils passent à l'attaque.

Cette lionne a capturé un zèbre.

21

Les herbivores des savanes ont beaucoup de prédateurs, mais ils ont différents moyens de se défendre. Comme il n'y a pas beaucoup d'endroits où se cacher dans les savanes, la plupart des herbivores courent très vite ! Ils sont gros et musclés, ce qui leur permet de courir longtemps. Ils ont aussi des **sabots** aux pieds pour pouvoir courir sur un sol dur.

Attention, danger !

Pour échapper aux prédateurs, les herbivores doivent aussi avoir l'ouïe fine, un odorat très développé et une excellente vue. Ces sens les aident à repérer les prédateurs de loin. Certains herbivores ont ce qu'on appelle une vision « monoculaire ». Leurs yeux sont très écartés, sur les côtés de leur tête. Ils peuvent ainsi voir ce qui se passe tout autour et ont plus de chances de survivre.

Ce koudou se sert de ses énormes cornes pour se défendre contre les prédateurs.

En sécurité en groupe

Beaucoup d'herbivores des savanes se protègent en se rassemblant en troupeaux. Puisque les prédateurs trouvent plus facile de s'attaquer à des animaux solitaires qu'à un troupeau entier, ils sont ainsi en sécurité. Les élands du Cap vivent en petits troupeaux d'environ 25 individus, tandis que les zèbres forment d'immenses troupeaux pouvant compter jusqu'à 10 000 animaux !

La vie commune

En vivant en groupe, les herbivores peuvent aussi s'entraider pour protéger leurs bébés. Quand un prédateur s'approche, les membres du troupeau s'avertissent les uns les autres et encerclent rapidement les petits. Les bébés sont en sécurité au milieu du troupeau.

Cours, mon bébé !

Les animaux à sabots sont capables de marcher aussitôt après leur naissance. Beaucoup sont même capables de courir. Ils peuvent ainsi, dès leurs premiers jours, suivre leur troupeau pour échapper aux prédateurs.

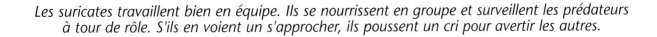

Les suricates travaillent bien en équipe. Ils se nourrissent en groupe et surveillent les prédateurs à tour de rôle. S'ils en voient un s'approcher, ils poussent un cri pour avertir les autres.

Les omnivores des savanes

Certains animaux des savanes sont des omnivores. Ils mangent à la fois des plantes et des animaux. Les singes verts, les cochons, les ratels et les autruches, par exemple, sont des omnivores des savanes.

Les autruches ne migrent pas. Ces grands oiseaux trouvent à manger aussi bien pendant la saison sèche que pendant la saison des pluies.

Les singes verts se nourrissent surtout de fruits. Ils mangent aussi des insectes, des oiseaux et d'autres petits mammifères.

Tout est bon

Les omnivores sont ce qu'on appelle des « opportunistes ».
Ils mangent tout ce qu'ils trouvent. Les omnivores des savanes se
nourrissent surtout de plantes et de graines, mais aussi d'insectes
et d'autres petits mammifères. Comme ils ne sont pas difficiles,
les omnivores trouvent à manger plus facilement que les
herbivores et les carnivores.

Les ratels appartiennent à la même famille que les blaireaux. Le miel est leur nourriture préférée, mais ils mangent aussi des fruits, des insectes, des reptiles et des oiseaux. Celui qu'on voit ici creuse le sol à la recherche d'insectes.

25

Les nettoyeurs des savanes

Les charognards sont des carnivores qui ne chassent pas beaucoup. Ils préfèrent se nourrir de charogne, c'est-à-dire d'animaux déjà morts. Les vautours africains, par exemple, sont exclusive-ment charognards. Ils ne mangent que de la charogne.

Les hyènes, en revanche, sont à la fois des prédateurs et des charognards. Elles chassent elles-mêmes, mais elles mangent aussi de la charogne laissée par d'autres prédateurs. Les charognards contribuent à nettoyer les savanes en mangeant les restes d'animaux morts.

Ces vautours africains font un festin de charogne.

Les décomposeurs

Quand ils meurent, les organismes vivants commencent aussitôt à se décomposer. Une plante ou un animal en train de se décomposer s'appelle un « détritus ». Les détritus contiennent beaucoup de nutriments. Ils servent de nourriture à d'autres organismes vivants, appelés « décomposeurs » ou « détritivores ». Les décomposeurs tirent leur énergie des nutriments contenus dans les détritus.

Ce bousier est un décomposeur.

La chaîne des détritus

En mangeant des détritus, les décomposeurs forment une nouvelle chaîne alimentaire. Dans cette chaîne, les nutriments passent d'abord des détritus aux décomposeurs et se retrouvent ensuite dans le sol.

Les plantes mortes contiennent des nutriments.

Les termites mangent des morceaux de plantes mortes pour se procurer des nutriments. Leur corps utilise une partie de ces nutriments et expulse le reste, qui passe dans leurs excréments.

Note : Les flèches pointent vers les organismes vivants qui reçoivent des nutriments.

Les nutriments présents dans les excréments des termites se retrouvent ensuite dans le sol. Ils aident les plantes à pousser.

Les réseaux alimentaires

Il y a beaucoup de chaînes alimentaires dans les savanes. Chacune comprend des plantes, un herbivore et un carnivore. Quand un animal d'une chaîne alimentaire mange une plante ou un animal d'une autre chaîne, les deux chaînes s'entrecroisent.

Les chaînes alimentaires ainsi reliées forment un réseau alimentaire. Comme beaucoup d'animaux des savanes mangent différents types d'aliments, ils font partie de plusieurs réseaux.

Pendant la saison des pluies, en Afrique, les lycaons chassent des brouteurs. Mais ces herbivores migrent pendant la saison sèche. Les lycaons se nourrissent alors de rongeurs et d'insectes en attendant le retour des troupeaux de brouteurs.

Le transfert de l'énergie

On voit ici un réseau alimentaire des savanes. Les flèches pointent vers les organismes vivants qui reçoivent de l'énergie.

Les pythons de Séba mangent des sauterelles, des lièvres sauteurs et des élands du Cap.

Les lièvres sauteurs mangent des plantes et des sauterelles.

Les léopards mangent des élands du Cap, des sauterelles et des lièvres sauteurs.

plantes

Les sauterelles mangent des plantes.

Les élands du Cap mangent des plantes.

Sauvons les savanes !

À certains endroits, les savanes sont en difficulté. Les gens détruisent les savanes quand ils prennent ces terres pour y faire des **cultures** ou pour y installer du **bétail**, c'est-à-dire des animaux d'élevage comme des vaches ou des chèvres. Contrairement aux herbivores sauvages, ces animaux ne peuvent pas se déplacer d'un endroit à l'autre pour se nourrir. Ils mangent donc toutes les herbes là où ils se trouvent, et il n'en reste plus pour les herbivores sauvages.

Une chasse abusive

Certaines personnes chassent des herbivores des savanes pour se nourrir, pour protéger leurs cultures et leur bétail, ou simplement pour s'amuser. À bien des endroits, ces animaux sont victimes d'une chasse abusive. Autrement dit, les gens tuent trop d'individus d'une même espèce dans un secteur donné. Ce type de chasse nuit aux réseaux alimentaires des savanes. Quand une espèce de plantes ou d'animaux disparaît d'un réseau alimentaire, beaucoup d'animaux en souffrent.

Plusieurs espèces d'animaux des savanes sont menacées de disparition. Ces animaux, comme le rhinocéros blanc du Nord, risquent de disparaître de la Terre pour toujours.

Pour protéger les savanes

Beaucoup de pays créent des réserves pour protéger les savanes et les animaux qui y vivent. Dans ces zones protégées par les gouvernements, la loi interdit de faire du tort aux plantes et aux animaux. Par exemple, le parc national du Serengeti est une réserve qui vise à protéger plus de 14 000 kilomètres carrés de savanes.

Passe le mot !

Tu peux aider les savanes en expliquant à ta famille et à tes amis quelle est l'importance des plantes et des animaux qu'on y trouve, ainsi que des réseaux alimentaires qui s'y forment. Tu peux te renseigner sur les savanes à la bibliothèque ou sur Internet.

Ces scientifiques examinent un guépard qui a été blessé dans une réserve. Ils vont l'aider à guérir et le laisser partir ensuite.

Glossaire

arbuste Plante qui a une tige de bois, mais qui est plus petite qu'un arbre

bétail Animaux que les humains élèvent pour se nourrir

cultures Plantes que les humains font pousser pour se nourrir

énergie Force que les organismes vivants tirent de leur nourriture et qui les aide à grandir et à rester en santé

équateur Ligne imaginaire qui divise la Terre en deux

étang Petite étendue d'eau

fondre (sur) Bondir rapidement sur une proie pour la capturer

gaz carbonique Gaz présent dans l'air et dont les plantes ont besoin pour fabriquer leur nourriture

germer Commencer à pousser

meute Groupe d'animaux qui chassent ensemble

migrer Se déplacer d'un endroit à un autre pour une période plus au moins longue

oxygène Gaz que les organismes vivants doivent respirer pour vivre

sabot Enveloppe dure sur les pieds de certains animaux

Index